Mary Cohen Techni... flies high!

14 advanced studies for solo violin
14 fortgeschrittene Studien für Violine solo

This edition © 1998 by Faber Music Ltd
First published in 1998 by Faber Music Ltd
3 Queen Square London WC1N 3AU
Cover design by S & M Tucker
Music processed by Mary Cohen and MusicSet 2000
Printed in England by Halstan and Co Ltd
All rights reserved

ISBN 0 571 51827 3

FABER
MUSIC

Contents

To buy Faber Music publications or to find out about the full range of titles available
please contact your local music retailer or Faber Music sales enquiries:

E-mail:sales@fabermusic.co.uk
Website:http://www.fabermusic.co.uk

1 Take to the hills

Play with a warm tone, passing the vibrato carefully from one
note to the next (especially when the shift is via an extension).
[1, block the fifth by placing the finger across both strings

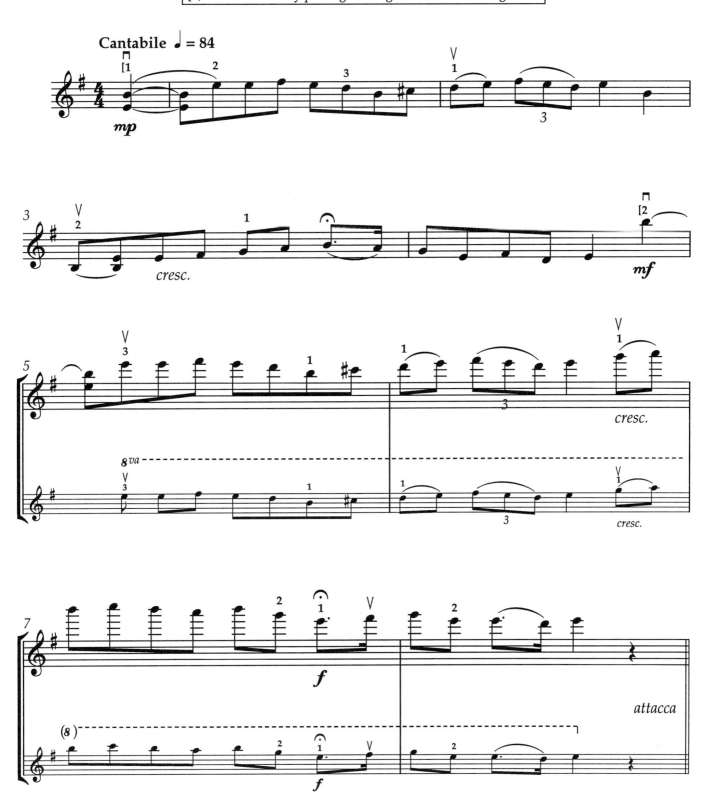

4

2 Wild fire

Develop efficient practising strategies for pieces with repetitive bowing actions, e.g. bars 1–19
learn the thematic notes (i.e. the first of each pair) at a moderate tempo. Also try reading the music
away from the instrument, "imagining" the sounds in your head (this gets easier with practice).
Build up stamina gradually, taking regular rests.

Little bows, in the middle; slightly more arm weight on the upper string to bring out the thematic notes.
Make sure the 3rd-finger intonation is not affected when the 2nd and 1st fingers move chromatically.

Hold 1st finger down across both strings until bar 13.

mp cantabile

pp | Relax thumb during shifts. |

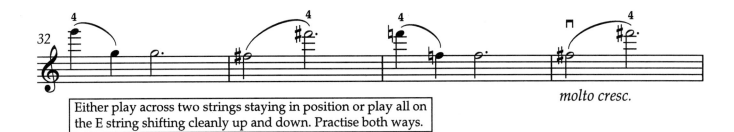

molto cresc.

Either play across two strings staying in position or play all on the E string shifting cleanly up and down. Practise both ways.

D.C. al ⊕ poi al Coda

CODA

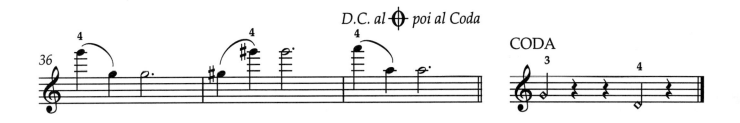

3 Be still

Natural harmonics: play in first position exactly where the note is written, touching the string lightly with a flattish finger pad.

Tranquillo ♩ = 96

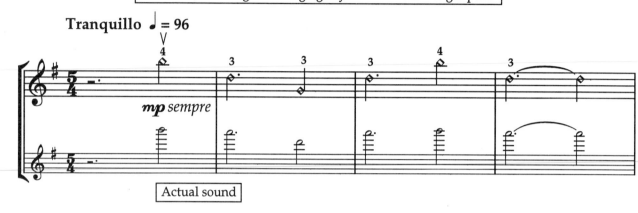

Actual sound

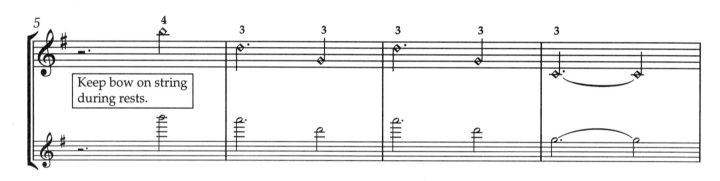

Keep bow on string during rests.

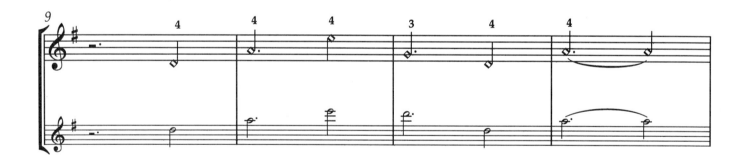

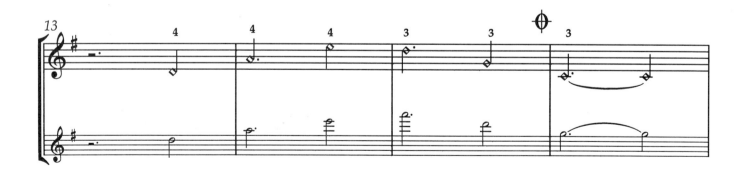

Artificial (stopped) harmonics: press the bottom note firmly while touching the top note lightly.

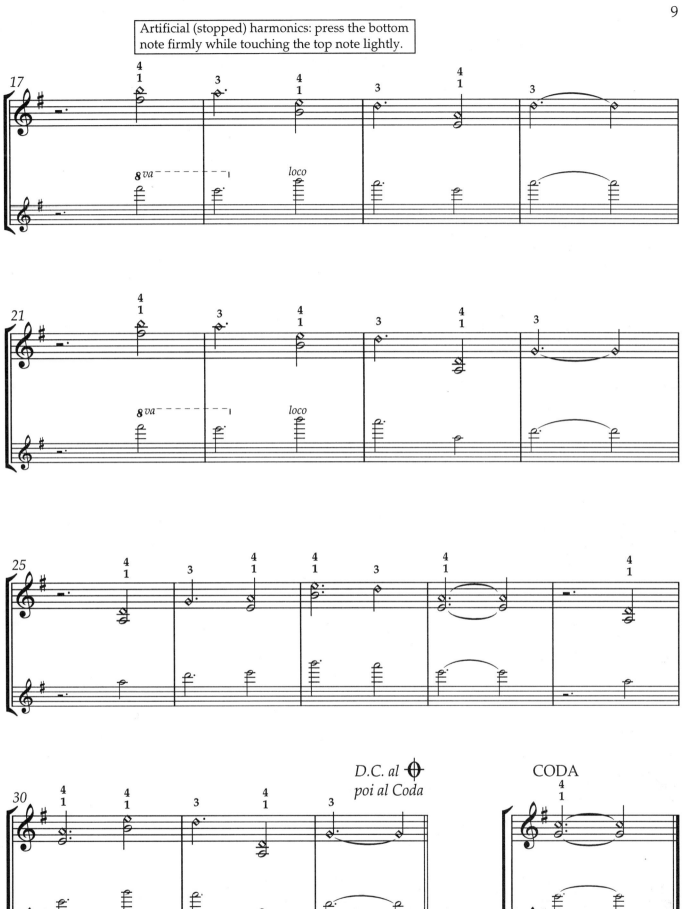

4 Making waves

Practise the thematic notes of each semiquaver group slowly as chords (e.g. bar 1 the highest two notes as sixths); then work at the "feel" of the string crossings for a few bars just on open strings. Put the two elements together gradually, working up to speed at small sections.

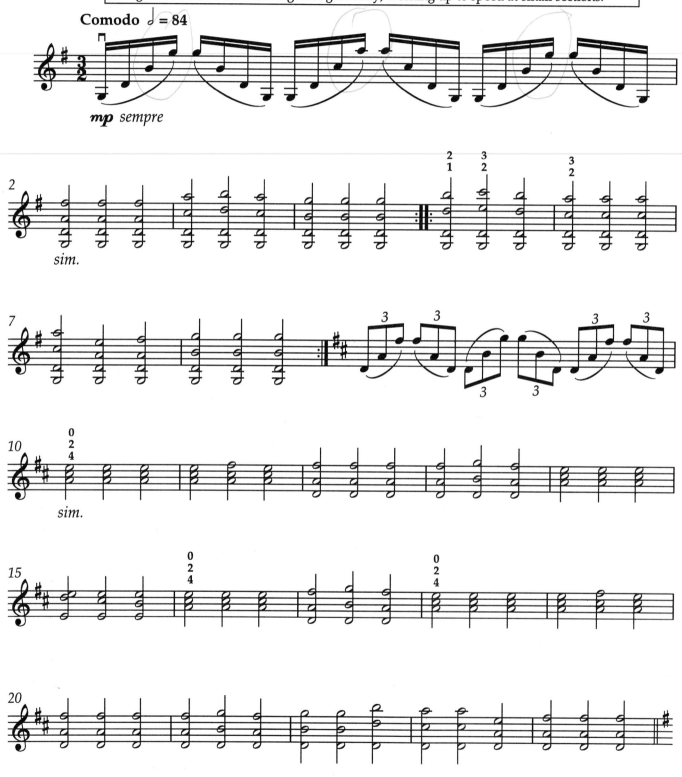

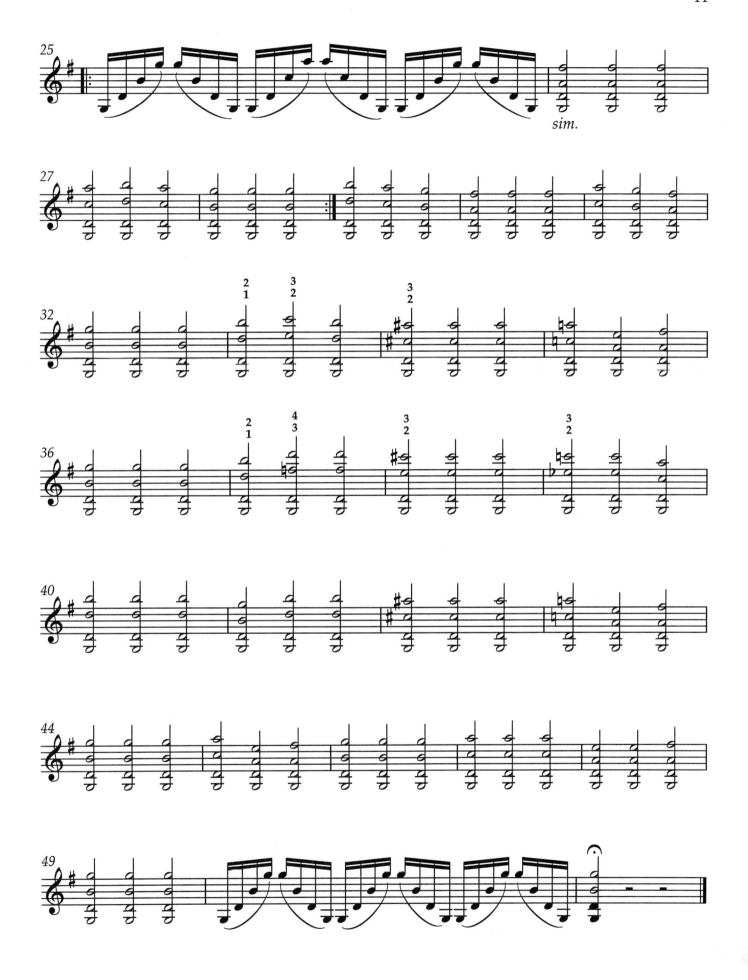

5 Slow boat to China

Use whole bows, balancing the weight carefully when crossing the strings. Imagine the arm is bobbing up and down, floating on water; surprisingly little vertical arm movement is necessary.

Comodo ♩ = 104

I = E string   II = A   III = D   IV = G (Add where necessary to clarify fingerings.)

Add your own dynamics.

FINE

molto meno mosso (a piacere)

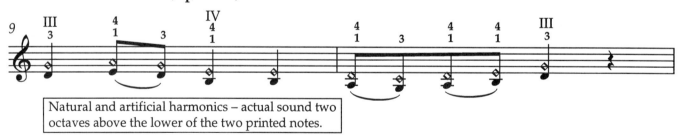

Natural and artificial harmonics – actual sound two octaves above the lower of the two printed notes.

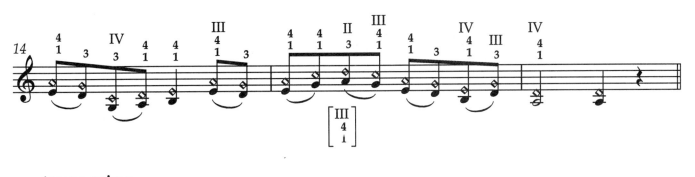

Practise one octave lower with equivalent fingering and shifts.

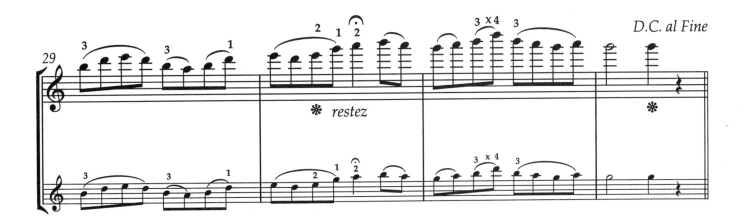

6 Ground with divisions

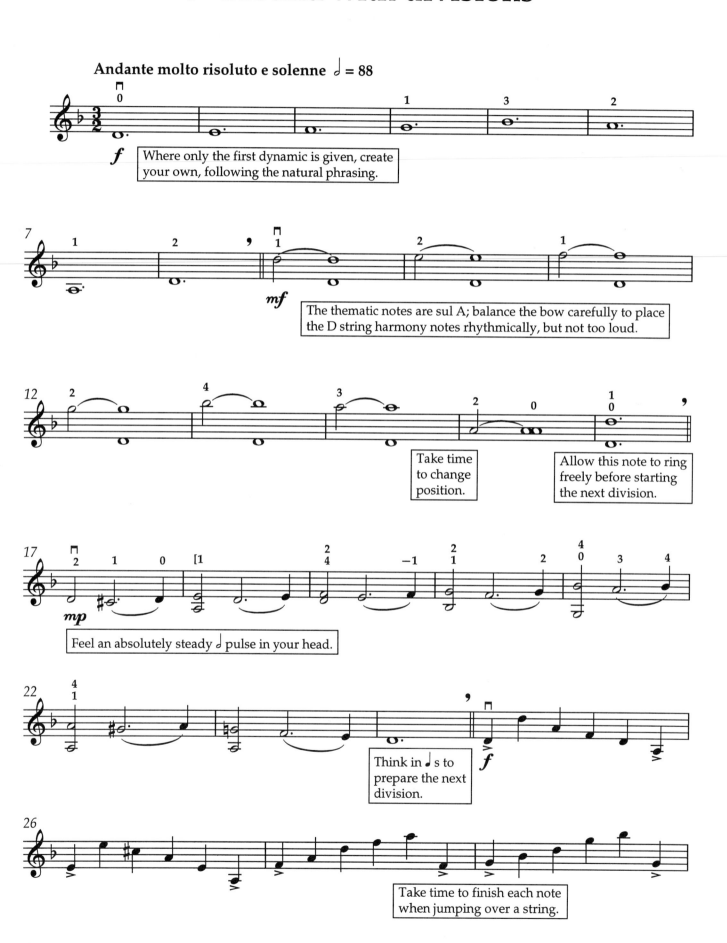

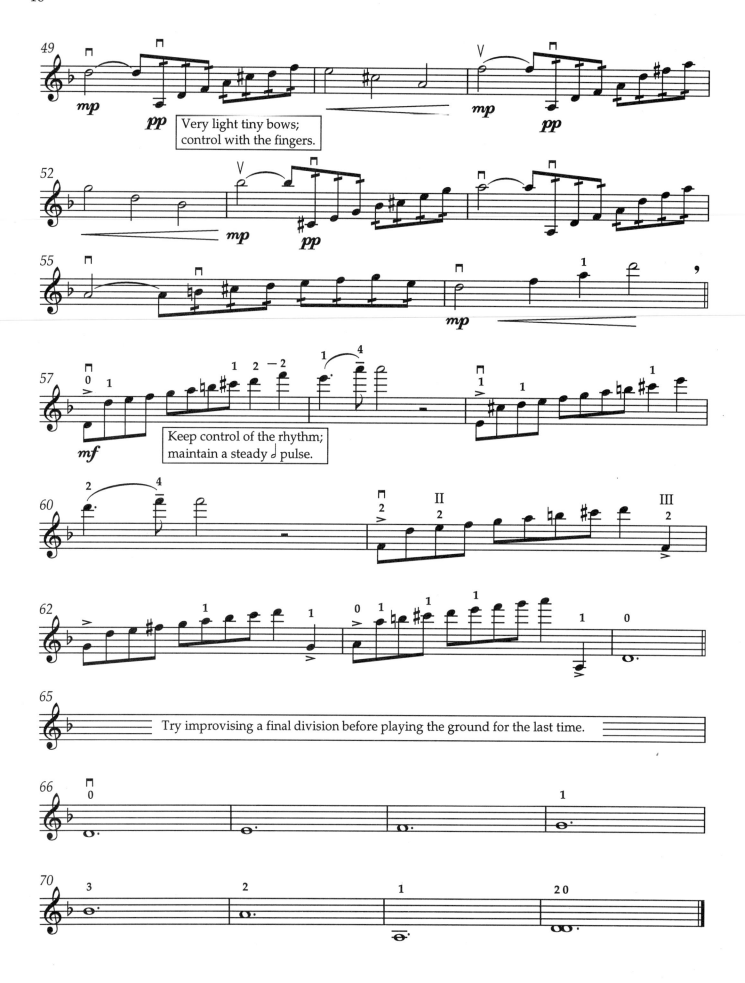

Very light tiny bows;
control with the fingers.

Keep control of the rhythm;
maintain a steady ♩ pulse.

Try improvising a final division before playing the ground for the last time.

7 Beneath the stars

Take time here to cross the string cleanly; in cantabile use adjacent fingers for slurred perfect fifths across strings.

Sul G until ✳

Allegro vivo ♩ = 112

Add I II III or IV where necessary to clarify fingerings.

In passagework shift via semitones when possible.

Change position here using 2nd finger as the guide (C♯ to D).

Take time

Go for the top F in the next bar! Think of moving the hand frame 1 octave from imaginary low F.

To allow these natural harmonics to "ring" during rests, lift 3rd finger and bow off string simultaneously.

Try finger vibrato on long stopped harmonics.

20

8 Moths by moonlight

Practise in slow single notes until the pitch is secure. Keep a 1st finger – 4th finger frame in the shifts throughout, with the thumb as relaxed as possible. Use fast, light bow strokes just by the edge of the fingerboard (except for the harmonics). Rest if your arm gets tired.

9 Equality / Exchange

Practise the thematic notes slowly with separate bows until pitch, shifts and exchanges are secure, then try the string crossings (in tempo) on open strings. Imagine your right arm is floating on water, bobbing gently up and down. Finally, create your own dynamics, following the natural ebb and flow of the phrasing.

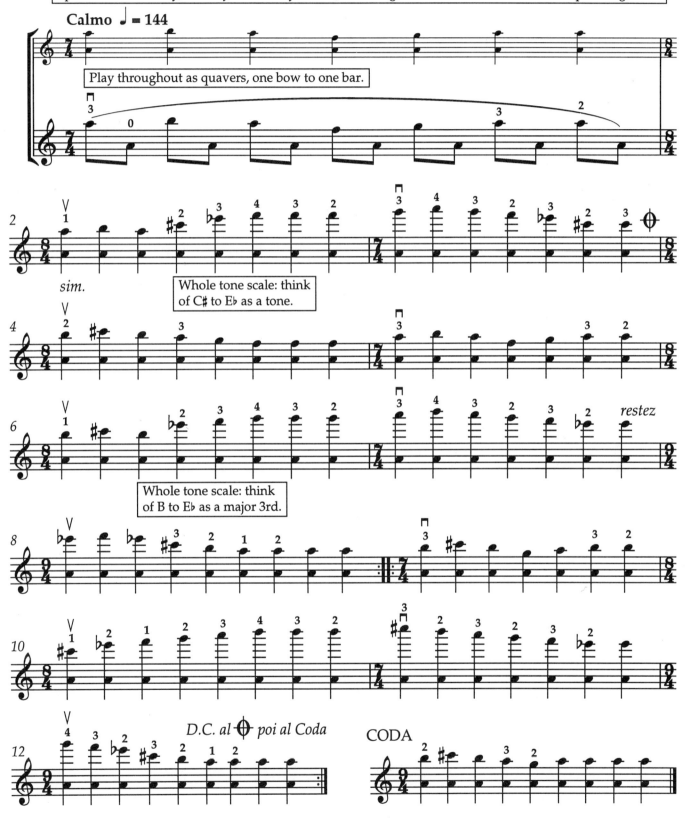

10 Change / Continuum I

To avoid total confusion, keep your eye movement slow, focussing on a smaller area of the page than normal (try about two pairs of notes at a time). Concentrate without tensing up: remember to breathe regularly! Create your own dynamics and work out fingerings which use low positions and open strings for a clear resonant sound.

11 Be constant

Plan carefully where the block fifths need preparing well ahead (e.g. in bar 1 for the final chord of bar 4). Constantly adjust the angle of the left arm (especially the elbow) to put the hand in the best position for continuous vibrato. Balance the bow weight to bring out the thematic notes.

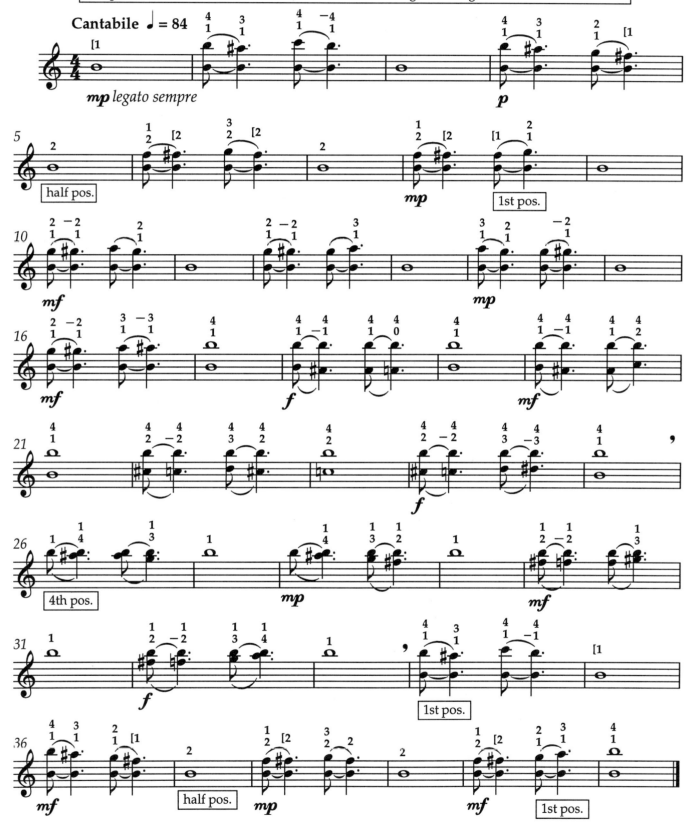

12 Conflict / Resolution

Bars 1–43 and 72–105 learn the pitch changes *piano* in ♪s, then work at the rhythm reading through the music away from the instrument (keep a mental beat and gently tap out the *sforzandos*). Build up stamina slowly, resting if your right arm feels tired.

Follow the printed fingerings carefully.

Turn the page calmly;
take time to find top F.

13 Threnody

Use a heavy, almost relaxed bow arm to get maximum bow/string contact, articulating
the ♪s with the 1st finger and thumb. "Resist" the bow weight with the left arm for
optimum resonance. Lift the bow in the rests, starting each new chord from just above
the string. Keep a strong pulse with a feeling of constant movement, as in a procession.

14 Change / Continuum II

Bar 1 fingerings are a suggestion only: finger each bar in context to suit your own hand.
Listen carefully to the length of each note and co-ordinate the right and left hand exactly.
Extended *pizzicato* can be hard on the fingers – as an alternative try *arco* (*spiccato*).

Continue improvising more changes or go straight to bar 13.

1 Take to the hills

Seite 3

Mit warmem Ton, das Vibrato vorsichtig von einem Ton zum nächsten übergeben (vor allem bei Lagenwechseln durch Strecken). [1: die Quinte wird gegriffen, indem der Finger zwei Saiten auf einmal niederdrückt.

Scitc 4

1) Kurze Striche in der Mitte des Bogens.

2) Ohne Lagenwechsel bis * .

2 Wild fire

Seite 6

1) Bei Stücken mit gleichbleibenden Bogenbewegungen, wie etwa in den Takten 1 – 19, sollte man sich effiziente Übetechniken aneignen: die thematisch wichtigen Töne (also jeweils das erste von zwei Achteln) werden zunächst in langsamem Tempo einstudiert. Außerdem versuche man sich ohne Zuhilfenahme des Instruments eine Vorstellung von den Tönen zu machen (mit zunehmender Übung wird das leichter). Das Durchhaltevermögen muß man langsam auf- bauen, regelmässige Pausen sind dabei wichtig.

2) Kurze Striche in der Mitte des Bogens; die thematisch wichtigen Noten auf der oberen Saite werden durch geringfügig stärkeres Gewicht im Arm hervorgehoben. Die Intonation des dritten Fingers darf nicht leiden, wenn der zweite und erste Finger chromatische Tonfortschreitungen greifen.

3) Den ersten Finger bis Takt 13 über beide Saiten halten.

Seite 7

1) Den Daumen bei Lagenwechseln locker lassen.

2) Entweder auf zwei Saiten in einer Lage ausführen oder auf der E-Saite mit sauberen Lagenwechseln spielen. Beide Möglichkeiten üben.

3 Be still

Seite 8

1) Natürliche Flageolette: in erster Lage genau wie notiert greifen. Dabei wird die Saite mit der flachen Fingerkuppe leicht berührt.

2) Klingend:

3) Während der Pausen den Bogen auf der Saite lassen.

Seite 9

Künstliche Flageolette: den unteren notierten Ton greifen, den oberen Ton nur leicht berühren.

4 Making waves

Seite 10

Zunächst die thematisch wichtigen Töne jeder Sechzehntel- Gruppe zusammenfassen (beispielsweise in Takt 1 die beiden Spitzentöne einer Gruppe jeweils als Sexten); dann über einige Takte hinweg bei leeren Saiten ein Gefühl für die Saiten- wechsel entwickeln. Allmählich beide Übungselemente zusammenfassen, wobei jeweils kleinere Abschnitte graduell bis ins Tempo gesteigert werden.

5 Slow boat to China

Seite 12

1) Mit ganzem Bogen spielen, das Gewicht des rechten Armes bei Saitenwechseln vorsichtig ausbalancieren. Hilfreich ist dabei die Vorstellung, daß sich der wie auf Wasser liegende Arm langsam hoch- und runterbewegt; insgesamt sind überraschend wenig vertikale Bewegungen des Armes notwendig.

2) I = E-Saite, II = A-Saite, III = D-Saite, IV = G-Saite (ergänzen, wo es zur Verdeutlichung des Fingersatzes notwendig ist).

3) Eigene dynamische Hinweise ergänzen.

4) Natürliche und künstliche Flageolettöne - klingend zwei Oktaven höher als der tiefere der beiden notierten Noten.

Seite 13

1) Eine Oktave tiefer mit identischem Fingersatz und identischen Lagenwechseln üben.

6 Ground with divisions

Seite 14

1) Dort, wo nur die Anfangs-Dynamik mitgeteilt wird, nach eigenem Geschmack unter Berücksichtigung der natürlichen Phrasierung weiterführen.

2) Die entscheidenden Melodietöne liegen auf der A-Saite; den Bogen vorsichtig ausbalancieren, um die harmonieeigenen Töne auf der D-Saite rhythmisch korrekt, aber nicht zu laut zu spielen.

3) Für den Lagenwechsel Zeit lassen.

4) Dieser Ton muß gut ausschwingen können, bevor der nächste Abschnitt beginnt.

5) Absolut gleichmässige Halbe vorstellen!

6) In ♩ denken, um den nächsten Abschnitt vorzubereiten.

7) Beim Wechsel über eine Saite Zeit lassen, um den letzten Ton richtig abzuschließen.

Seite 15

1) Gleichmässiges Metrum beibehalten.

2) Den Doppelgriff während der Pause vorbereiten (der zweite Finger wird auf der tieferen Saite um einen Halbton nach unten versetzt).

3) Beim Sprung über eine Saite muß der erste Ton richtig abgeschlossen werden.

4) Vorsichtig so greifen, daß der dritte Finger über den zweiten Finger wechseln kann.

5) Den Ton ausklingen lassen, dann leise wenden.

Seite 16

1) Sehr leichte, kurze Striche; mit den Fingern kontrollieren.

2) Auf den Rhythmus achten, in gleichmässigen Halben denken.

3) Man versuche das Improvisieren einer abschließenden Division vor dem letzten Erklingen des Ground.

7 Beneath the stars

Seite 17

1) Zeit lassen für einen sauberen Saitenwechsel; beim *Cantabile* gebundene reine Quinten mit benachbarten Fingern ausführen.

2) Sul G bis * .

Seite 18

1) I, II, III oder IV dort ergänzen, wo das zur Verdeutlichung des Fingersatzes notwendig ist.

2) In Passagen die Lagenwechsel nach Möglichkeit über Halbtöne ausführen.

3) Beim Lagenwechsel ist hier der zweite Finger der führende Finger (von cis" nach d").

4) Zeit lassen.

5) Man orientiere sich hier schon an dem f''' des folgenden Taktes. Dabei von einem imaginären tiefen f aus die dort vorgegebene Handstellung um eine Oktave nach oben versetzen.

Seite 19

1) Gleichzeitig den dritten Finger heben und den Bogen absetzen.

2) Man versuche ein Fingervibrato bei den lang ausgehaltenen künstlichen Flageolett-Tönen.

8 Moths by moonlight

Seite 20

1) Zunächst mit langsamen Einzeltönen üben, bis die Tonhöhen sicher erfaßt sind. Bei den Lagenwechseln verändert sich die Fingerstellung (zwischen erstem und viertem Finger) nicht, der Daumen sollte so entspannt wie möglich sein. Kurze leichte Striche am Rand des Griffbretts (mit Ausnahme der Flageolettöne). Bei Ermüdung des Armes ausruhen!

2) Sul D bis Takt 18.

3) Sul A bis Takt 29.

4) Normale Kontaktstelle.

5) Normale Kontaktstelle.

9 Equality / Exchange

Seite 21

1) Die Melodietöne werden zunächst langsam und mit getrennten Bogenstrichen gespielt, bis Tonhöhe, Lagenwechsel und Griffwechsel sicher sitzen. Danach die Saitenwechsel (im Tempo) auf leeren Saiten üben. Dabei stelle man sich vor, daß der Bogenarm wie auf Wasser liegt und sanft hoch- und runtergehoben wird. Schließlich ergänze man dynamische Angaben nach eigener Wahl, die der natürlichen Phrasierung folgen.

2) Durchgehend als Viertel spielen, ganztaktig binden.

3) Ganztonleiter: den Übergang von cis''' nach es''' als Ganzton vorstellen.

4) Ganztonleiter: den Übergang von h" nach es''' als große Terz vorstellen.

10 Change / Continuum I

Seite 22

Man konzentriere sich, ohne verspannt zu werden, gleichmässiges Atmen nicht vergessen! Eigene dynamische Angaben setzen und eigene Fingersätze unter Verwendung unterer Lagen und leerer Saiten zur Erzielung eines gut klingenden Tones suchen!

11 Be constant

Seite 23

1) Sorgfältig überlegen, wo der Quint-Doppelgriff mit einem Finger schon im voraus geplant werden muß (beispielsweise in Takt 1 für das Ende von Takt 4). Immer wieder die Haltung des rechten Armes korrigieren (vor allem den Ellbogen), um

die Hand in die beste Lage für ein durchgehendes Vibrato zu versetzen. Den Bogen ausbalancieren, um die thematisch wichtigen Noten hervorzuheben.

2) Halbe Lage

3) Erste Lage

4) Vierte Lage

12 Conflict / Resolution

Seite 24

1) Für die Takte 1 – 43 und 72 – 105 sollte man zunächst die verlangten Töne als Viertel und im piano üben. Dann macht man sich ohne Instrument mit dem Rhythmus vertraut (das Metrum denken, die sforzandi leicht klopfen). Das Durchhaltevermögen langsam aufbauen, bei Ermüdungserscheinungen im rechten Arm ausruhen.

2) Das Bogengewicht ausbalancieren, damit die auf der A-Saite gespielten Töne deutlich hervortreten.

Seite 25

1) Sorgfältig die vorgeschriebenen Fingersätze befolgen.

2) Die Seite ruhig wenden, Zeit lassen für das dann folgende dreigestrichene f.

Seite 26

1) Die kräftigsten Finger (2 und 3) verwenden, um in hohen Lagen einen intensiven Klang und intensives Vibrato zu erreichen.

2) Das dreigestrichene f vorbereiten.

3) Vorbereiten!

4) Vorbereiten!

5) Vorbereiten!

13 Threnody

Seite 28

1) Der rechte Arm ist schwer, fast entspannt, um eine möglichst enge Verbindung zwischen Bogen und Saite herzustellen, die ♪ werden mit Finger und Daumen hervorgehoben. Dem Bogendruck mit dem linken Arm "Widerstand leisten", um möglichst große Resonanz zu erzielen. Den Bogen in den Pausen absetzen, bei jedem neuen Doppelgriff den Bogen wieder direkt über der Saite ansetzen. Ein gleichmässiges Zeitmaß beibehalten, etwa so, wie man sich eine Prozession vorstellt.

2) Bei den Doppelgriffen durchgehend die leere A-Saite verwenden.

3) Wirklich alle gespielten Töne klingen lassen!

4) Das Gewicht des Bogens ausbalancieren, um die thematisch wichtigen Töne auf der D-Saite hervorzuheben.

14 Change / Continuum II

Seite 30

1) Sorgfältig auf die Länge jedes Tones achten und beide Hände genau koordinieren. Lange Pizzicato-Passagen können für die Finger ermüdend sein, als Alternative wähle man Spiccato.

2) Hier kann man weitere Varianten improvisieren oder direkt in Takt 13 weiterspielen.